21天
情绪能量提升实践手册

陈爱芬 著

中国妇女出版社

第一天

觉察你身体里的情绪，可以是喜悦、兴奋等，也可以是难过、生气、焦虑等。无论是什么样的情绪，都选择看见它、感知它、接纳它。告诉自己，情绪不是我们自己，只是我们的身体面对外界发生的事情时的反应。

如果我们是天空，情绪就好像天空的云朵。云朵每天来来去去，但天空一直在那里。

今日功课

看见自己的情绪，允许自己有情绪。

每天提醒自己

我接受这样的自己，我爱我自己。

第一天情绪觉察日记

事件：

我的情绪：

我的想法：

我的行动：

第二天

对一件事产生恐惧的时候，我们首先要承认它的存在， 然后去感受我们身体里的恐惧，并问自己：“如果恐惧会说话，它会和我说些什么呢？”你会发现，当你愿意一点一点接近恐惧的时候，恐惧反倒会消失。

释放你所有的恐惧。你会发现，恐惧只是幻想，只是你过去的记忆而已。你恐惧的记忆一直试图把你带回过去，而不是让你关注当下的美好。

今日功课

请带着极大的温柔与关爱抱持那个恐惧的自己，并对他（她）说：“对不起。请原谅。谢谢你。我爱你！”

每天提醒自己

我接受这样的自己，我爱我自己。

第二天情绪觉察日记

事件：

我的情绪：

我的想法：

我的行动：

第三天

请觉察身体里的情绪。它有可能是焦虑、生气、开心。它在你身体的哪个部位呢？嗓子、肠胃、心口……还是其他地方？觉察到它所处的位置时，去感受它，温柔地注视它，问它好："你好，我知道你在这里，你想告诉我什么呢？"然后，静静地等待情绪的回应。也许，它当时就能给你答案。当你学会了和情绪对话，你将意识到，情绪没有好与坏的区别；它的出现只是要告诉你，它背后有一个信息需要你去读取，它背后有一个未满足的需求期待你去看见。

今日功课

和自己的情绪对话，并等待情绪的回应。

每天提醒自己

我接受这样的自己，我爱我自己。

第三天情绪觉察日记

事件：

我的情绪：

我的想法：

我的行动：

第四天

每个人内心都有一个内在小孩。我们不知道如何处理负面情绪的时候，为了保护自己，我们会将其深藏于潜意识里。但是，忽略它并不代表它不存在。这个受伤的“小孩”会一直等在那里，等我们去发现他、疗愈他。

试着觉察被自己遗忘了的内在小孩，聆听他的声音，带着慈悲与关爱和他对话，比如：“亲爱的，我为你而在这里。我会好好照顾你。我知道你过去受了好多苦。现在，我找到了你，我会好好关爱你。”然后，试着去拥抱你的内在小孩。

今日功课

聆听来自内在小孩的声音，试着去拥抱你的内在小孩。

每天提醒自己

我接受这样的自己，我爱我自己。

第四天情绪觉察日记

事件：

我的情绪：

我的想法：

我的行动：

第五天

试着看见你的控制欲，你会发现你在想方设法得到各种控制权。你之所以有控制欲，是因为你的头脑认为这样做对你是好的。你的头脑带着对一件事情的固有评判不停地提醒你："这样是好的，那样是不好的。这样是对的，那样是不对的。"如果你能像一个观察者一样聆听自己头脑里的声音，如果你能允许自己放下控制，你会发现你反而得到了更好的结果。

请试着放下你头脑里的控制，并学着允许和接纳，当然更要多多留意你内在的感受。

今日功课

请试着放下对一个人或一件事情的控制，你将会有意外之喜。

每天提醒自己

我接受这样的自己，我爱我自己。

第五天情绪觉察日记

事件：

我的情绪：

我的想法：

我的行动：

第六天

觉察你的快乐情绪，感受你的快乐情绪。你也许会发现，当你改变自己表情的时候，你的内在能体验到不一样的感受。如果你能感受到快乐的情绪，如果你能选择看见美好，你将拥有越来越多的美好与快乐！

当你允许自己把注意力放在美好的事情上，你将真真切切感受到来自内在的喜悦。

今日功课

让自己把注意力集中于自己的快乐情绪，并觉察自己内在的快乐感受。

每天提醒自己

我接受这样的自己，我爱我自己。

第六天情绪觉察日记

事件：

我的情绪：

我的想法：

我的行动：

第七天

请告诉自己，你可以选择自己的情绪。你要明白，情绪不是你自己，只是你对一件事情的反应。当你想要选择快乐的情绪时，你只需要感受一下过去体验过的一件非常让自己有成就感的事情。你甚至会发现，你只需嘴角上扬，就可以感受到快乐！当你想要愤怒情绪的时候，你只需要用强有力的语气表达自己的愤怒就可以。在表达愤怒情绪的时候，你要明白，是你选择了愤怒，而不是愤怒在控制你。

今日功课

主动觉察自己想要感受的情绪，并体验这种情绪带给你的内在感受。

每天提醒自己

我接受这样的自己，我爱我自己。

第七天情绪觉察日记

事件：

我的情绪：

我的想法：

我的行动：

第八天

你若能像一个旁观者一样聆听自己头脑里的声音，你也许会发现你头脑里有很多这样的声音："事情应该这样……不应该那样……而且必须如此……否则一定……"

当你能够像一个旁观者一样觉察自己头脑里的这些声音，你将发现你并不容易卷入各种情绪之中。你可以轻轻地告诉自己"我听到你在说话了，但此刻我并不需要你。"当你能够觉察自己头脑里的这些声音的时候，你将意识到你是自己真正的主人。

今日功课

去觉察头脑里的那些充满批判的声音，但不要认同它们。

每天提醒自己

我接受这样的自己，我爱我自己。

第八天情绪觉察日记

事件：

我的情绪：

我的想法：

我的行动：

第九天

有些时候，你表现得也许并不完美，但你依然可以接纳这样的自己。当你接纳了并不完美的自己，你可以再问问自己：“从这些事情中，我学到了什么？如果下一次再遇到这样的事情，我将如何应对呢？”

今日功课

面对一件自己完成得并不好的事情时，你要多问问自己：“我从中学到了什么？”

每天提醒自己

我接受这样的自己，我爱我自己。

第九天情绪觉察日记

事件：

我的情绪：

我的想法：

我的行动：

第十天

如果能变成一种动物生活一天，你想变成哪种动物？请试着问一下自己，这种动物的哪些特质吸引了你？如果有了这些特质，你将成为一个什么样的自己呢？

今日功课

写下你特别想拥有的三项特质。思考一下，你怎样才能拥有这些特质？

每天提醒自己

我接受这样的自己，我爱我自己。

第十天情绪觉察日记

事件：

我的情绪：

我的想法：

我的行动：

第十一天

多多发现生活中的美好。请告诉自己，出现在你生命中的都是好的，一切都是最好的安排。

享受能让自己喜悦的事情，看见自己的兴趣所在、能量所在。如此，你就自然而然地会投注更多的能量去关注在你看来是美好的事情上。

一旦发生了一些你不喜欢的事情，你可以回到内在问自己："这件事情已经发生，我从中能学到些什么？"

今日功课

觉察在你看来一切美好的事情，相信一切都是最好的安排。

每天提醒自己

我接受这样的自己，我爱我自己。

第十一天情绪觉察日记

事件：

我的情绪：

我的想法：

我的行动：

第十二天

打开自己的各种感官，去关注生命中的各种美好，去感受美好事物带给你的感受。

今日功课

给深爱的人一个拥抱，给自己的心灵一个拥抱。

每天提醒自己

我接受这样的自己，我爱我自己。

第十二天情绪觉察日记

事件：

我的情绪：

我的想法：

我的行动：

第十三天

实际上，快乐和喜悦本来就应该是我们的常态。在每一个当下，每做一个深呼吸，都不要忘记提醒自己——我已经找到了快乐和喜悦的状态。

你也许不止一次认为，找到快乐和喜悦的状态并不容易，需要很多条件，比如有钱才能快乐，有房子才能快乐，涨工资了才能快乐。其实，并不如此。

如果你想快乐、喜悦，每时每刻你都可以做到。当你越来越多地选择快乐和喜悦，你就会越来越快乐，你就会越来越喜悦。

今日功课

给自己一个安静的空间，感谢内在的快乐和喜悦。

每天提醒自己

我接受这样的自己，我爱我自己。

第十三天情绪觉察日记

事件：

我的情绪：

我的想法：

我的行动：

第十四天

请试着敞开自己。你将会发现，你越是敞开自己，你越有机会迎接生命中的更多美好。

所以，请敞开自己，接受生命中的美好。当别人赞美你的时候，请敞开自己，开心接收。当有一份属于你的礼物来到你面前的时候，请敞开自己，开心接收。

今日功课

敞开心扉，接受一切，想象无数的美好与祝福正流经自己的生命。

每天提醒自己

我接受这样的自己，我爱我自己。

第十四天情绪觉察日记

事件：

我的情绪：

我的想法：

我的行动：

第十五天

请认真地告诉自己："我不是我的情绪，我比我的情绪大得多。我也不是我的思维，我比我的思维大得多。"

当你不再相信自己所思考的一切一定是对的的时候，你就跳出了你为自己设定的局限性思维，你就正在告别很多限制了你很久的非理性信念。

你是可以选择情绪的。当下，你随时可以做出选择。

今日功课

告别自己的非理性信念，告别局限自己思维的思想。

每天提醒自己

我接受这样的自己，我爱我自己。

第十五天情绪觉察日记

事件：

我的情绪：

我的想法：

我的行动：

第十六天

恐惧不是来源于过去关于痛苦的记忆，就是来源于对未来的不确定的担心。当我们活在恐惧中，我们就不在当下。我们要抛弃一切恐惧，活在当下，享受当下。

每一次，当你意识到你又开始恐惧、担心、焦虑的时候，一定不要忘记提醒自己——回到当下。在当下，我们才可能真正打开双眼去看见生命中的美好，去聆听美好的声音，去感受美好的事物。

当我们回到当下，回到爱之中，我们就能识破恐惧的真面目。

今日功课

告诉自己，我选择快乐，我不选择恐惧。

每天提醒自己

我接受这样的自己，我爱我自己。

第十六天情绪觉察日记

事件：

我的情绪：

我的想法：

我的行动：

第十七天

我们每一个人都是幸运的。我们要知道，生活中发生的每一件事情都是为了提醒我们要做更好的自己。在每一个当下，如果我们能感受到自己是如此幸运，能通过不断地拓展自己的思维，打开自己的心灵，鼓起勇气，勇于行动，我们都将收获美好。

今日功课

至少找到三件事情，然后用“我很幸运……”的句式表达出来。

每天提醒自己

我接受这样的自己，我爱我自己。

第十七天情绪觉察日记

事件：

我的情绪：

我的想法：

我的行动：

第十八天

请告诉自己："一次只做一件事情。"一次只做一件事情，意味着我们能全身心投入到一件事情中，意味着我们能真正享受当下的美好，意味着我们可以选择快乐。

当我们选择一次只做一件事情，意味着我们能全然地接受当下这件事情，能放下头脑中的各种评判，放下对这件事情的抗拒，只是"如是"地接受当下的一切。

当我们全然接受一切"当下"的时候，我们就完全进入了平和的状态。

今日功课

选择一件事，全身心投入其中，完整地感受它。

每天提醒自己

我接受这样的自己，我爱我自己。

第十八天情绪觉察日记

事件：

我的情绪：

我的想法：

我的行动：

第十九天

请认真思考“我”是谁？妈妈、女儿、老师、妻子、经理……如果没有这些身份，“我”又是谁？

每个人都是带着使命而来。我们的使命就是成为更好的自己，找到更大的愿景，实现人生的意义。

今日功课

告诉自己，今天的自己，是一个更好的自己。

每天提醒自己

我接受这样的自己，我爱我自己。

第十九天情绪觉察日记

事件：

我的情绪：

我的想法：

我的行动：

第二十天

对任何一个人来讲，要想好好生活在这个世界上，不可缺少的一种能力是爱的能力，是和所有生命建立充满爱、自由和智慧的关系的能力。

这种爱不是占有，而是发自我们内心的本能。

关于爱，我们必须先从爱自己开始。如果我们不爱自己，我们将无法爱别人。

今日功课

不停地告诉自己："我内心充满爱。我安好自在。我快乐喜悦。"

每天提醒自己

我接受这样的自己，我爱我自己。

第二十天情绪觉察日记

事件：

我的情绪：

我的想法：

我的行动：

第二十一天

学会感恩，对每一个人来讲都无比重要。懂得感恩，才能真正爱自己。所以，请感恩自己拥有的一切，感恩自己拥有选择的能力。

感恩生命中的遇见，一切都是最好的安排！

唤醒自己本来就拥有的高情商。

今日功课

感恩自己所拥有的一切。

每天提醒自己

我接受这样的自己，我爱我自己。

第二十一天情绪觉察日记

事件：

我的情绪：

我的想法：

我的行动：